AF634434

Meine Wissens-
Wunderkiste

Naturwissen-schaft

Text: Katie Daynes
Illustrationen: Stefano Tognetti

Gestaltung: Alice Reese

Gestaltung der Serie: Zoe Wray
Wissenschaftliche Beratung: Penny Coltman

Inhaltsverzeichnis

Hier siehst du, welche Themen in diesem Buch behandelt werden.

Was machen Forscher? 4

Dinge einteilen 6

Pflanzen 10

Tiere 16

Lebensräume 24

Menschen 28

Stoffe 36

Licht 50

Klänge und Geräusche 54

Die Zahlen geben an, auf welcher Seite ein Thema beginnt.

Pflanzen sind mein Lieblingsthema. Und welches ist deins?

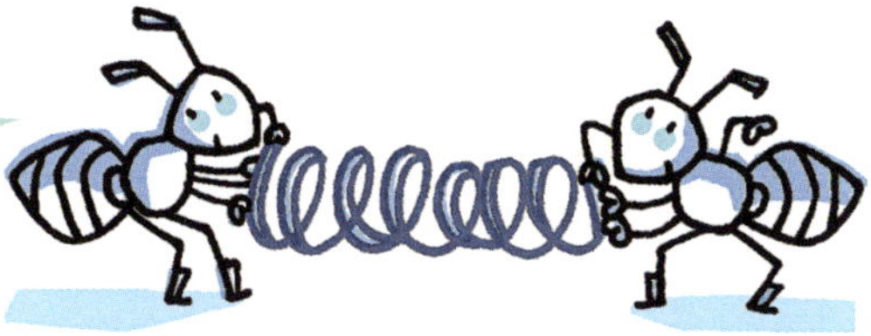
Wir sind Forscherkäfer!

Kräfte	58
Strom	62
Wetter	64
Jahreszeiten	66
Tag und Nacht	68
Jahre und Monate	72
Leben auf der Erde	74
Begriffserklärungen	78
Stichwortliste	80

Du findest uns auf jeder Seite. Wir beobachten und untersuchen alles um uns herum.

Du kennst ein Wort nicht? Schau in den Begriffserklärungen auf Seite 78 und 79 nach, dort werden wichtige Wörter erklärt.

Wenn du im Inhaltsverzeichnis etwas nicht findest, kannst du in der Liste der Stichwörter auf Seite 80 nachschauen.

Was machen Forscher?

Forscher untersuchen unsere Welt.

Sie erforschen alles, von den kleinsten Lebewesen …

Sogar kleinere als ich!

… bis zu den HÖCHSTEN Bergen …

… und den Geheimnissen des Weltraums.

Jeder kann ein Forscher sein. Vielleicht bist du auch schon einer!

Hast du dir schon einmal etwas genau angeschaut und dich gefragt, woraus es ist und wie es funktioniert? Vielleicht hast du bestimmte **Eigenschaften** bemerkt …

Bewegt es sich?
Ist es hart oder weich?
Es hat sechs Beine …
AHA!
Ein Käfer!

Forscher überprüfen ihre Ideen und führen dazu Versuche durch, die man Experimente nennt.
Mal sehen …
Tada!

Immer wenn du neugierig bist und versuchst, mehr herauszufinden, machst du das Gleiche wie ein **Forscher**.

Hier siehst du einige Werkzeuge, die du als Forscher benutzen kannst.

Mit einer **Lupe** werden Dinge vergrößert dargestellt.

Eine **Stoppuhr** misst die Zeit.

Ein **Lineal** misst, wie lang, hoch oder breit etwas ist.

Mit einem **Stift** kannst du all deine Ergebnisse in ein Notizheft schreiben.

Ein **Messbecher** misst die Menge einer Flüssigkeit.

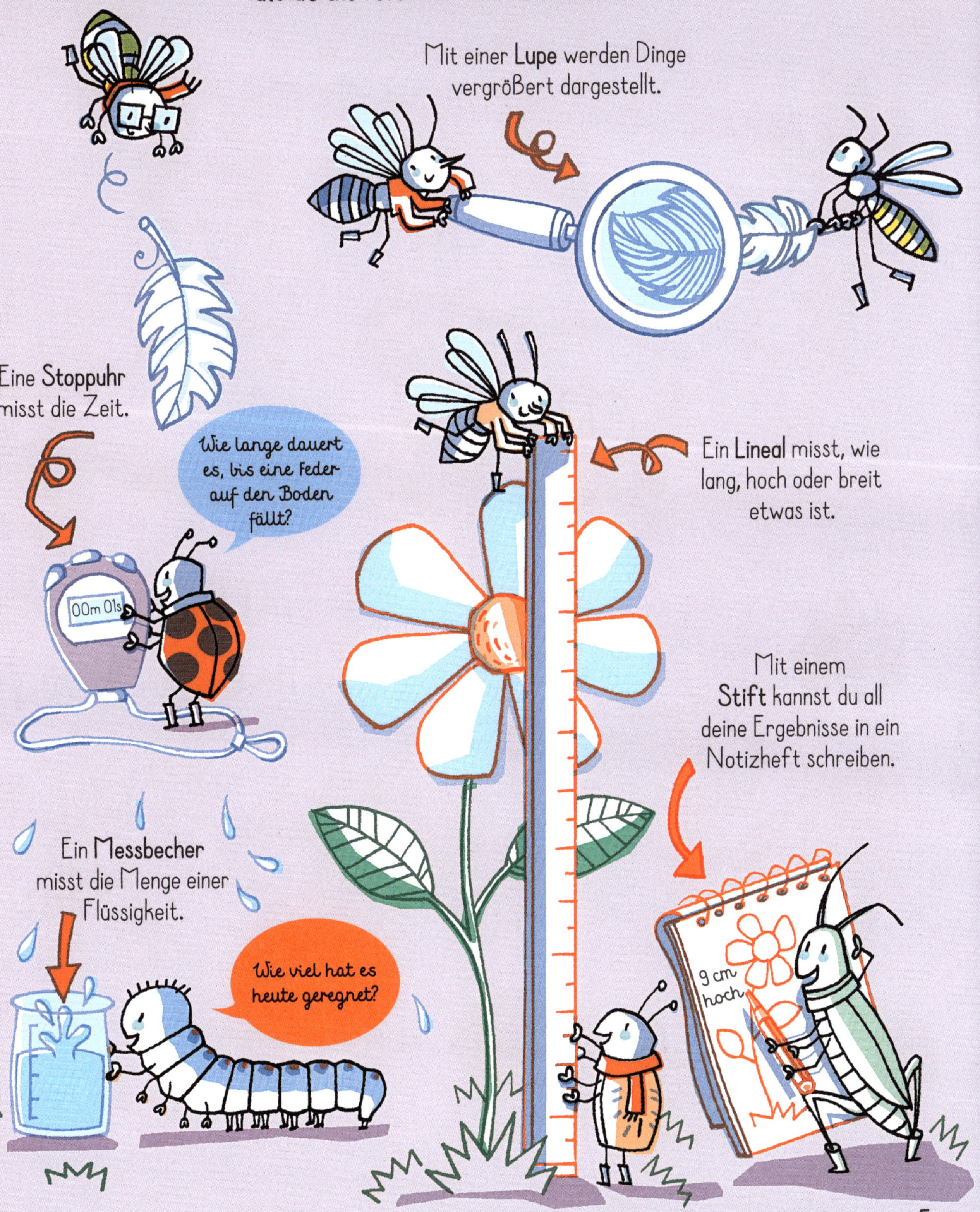
Wie lange dauert es, bis eine Feder auf den Boden fällt?
00m 01s
Wie viel hat es heute geregnet?
9 cm hoch

Dinge einteilen

Forscher teilen Dinge in Gruppen ein.
Dadurch wird es einfacher, sie zu untersuchen.

Die zwei großen Gruppen sind

LEBEWESEN …

Ich bin ein Lebewesen!

… und

KEINE LEBEWESEN.

Dieser Stein ist KEIN Lebewesen.

Ist ein Fluss ein Lebewesen?
Das Wasser bewegt sich …

Bei manchen Dingen ist es schwer, sie richtig einzuordnen. Verwende die Liste auf der nächsten Seite, um zu entscheiden, ob ein Fluss ein Lebewesen ist oder nicht.

Forscher haben **Prüflisten** erstellt, die bei der Einteilung helfen.

Hier ist eine Prüfliste für Lebewesen.
Ein Lebewesen kann …
… sich bewegen.
Wenn es ein Lebewesen ist, müssen alle sieben Kästchen einen Haken haben.
… atmen.
… sich fortpflanzen.
… wachsen.
Sich fortpflanzen bedeutet, dass neue Lebewesen entstehen.
… sich ernähren.
… auf seine Umwelt reagieren.
… Ausscheidungen hinterlassen.
Aua. Das ist spitz!
Pflanzen erledigen ihr „kleines" oder „großes Geschäft" anders als Menschen und Tiere.

Lebewesen kann man hauptsächlich in zwei große Gruppen einteilen: Pflanzen und Tiere.

Hier siehst du die größten **Unterschiede** zwischen Pflanzen und Tieren.

Sonnenblumen drehen sich zur Sonne hin.

Wie BEWEGEN sie sich?

Tiere können von einem Ort zum anderen laufen.

Pflanzen bewegen langsam ihre Blüten und Blätter, aber sind an ihrem Standort verwurzelt.

Wie PFLANZEN sie sich FORT?

Pflanzen mit Blüten produzieren Samen.

Tiere bekommen Junge.

Ich lege Eier, aus denen Raupen schlüpfen.

Wie ERNÄHREN sie sich?

Tiere fressen andere Tiere oder Pflanzen.

Pflanzen produzieren ihre eigene Nahrung mithilfe von Sonnenlicht.

Hilfe!

Wie NEHMEN sie ihre Umwelt WAHR?

Pflanzen können hell und dunkel und oben und unten wahrnehmen.

Tiere können hören, sehen, fühlen, schmecken und riechen.

Schmeckt gut!
Riecht gut!

Sammle Bilder von Lebewesen und teile sie ein.

TIERE
PFLANZEN
Schneide Bilder aus Zeitschriften aus oder drucke Fotos aus.

Pflanzen

Es gibt Hunderttausende verschiedene Pflanzen auf der Welt.

Sie können größer als ein Haus oder kleiner als dein Fingernagel sein.

Kannst du Pflanzen sehen, wo du gerade bist?

Rundliche, stachelige Kakteen wachsen in heißen, trockenen Wüsten.

Die meisten Blumen blühen im Frühling oder Sommer.

Flauschig weiches Moos wächst auf Steinen und an Bäumen.

Obst und Gemüse sind Teile von Pflanzen.

Es gibt viele Pflanzen in Flüssen, Seen und Meeren.

Du kannst Pflanzen draußen oder drinnen heranziehen.

Viele Gräser zusammen bilden Rasen und Wiesen.

Die höchsten Pflanzen sind Bäume. Einige werden so groß wie ein 30-stöckiges Gebäude.

Es gibt über 60 000 verschiedene Baumarten.

Laubbaum

Was ist der Unterschied zwischen diesen beiden?

Nadelbaum

Bäume, die ihre Blätter das ganze Jahr hindurch tragen, nennt man **immergrün.**

Bäume, die im Herbst ihre Blätter verlieren, nennt man **sommergrün.**

Blätter von sommergrünen Bäumen sind meist breit und flach. Sie heißen auch Laub.

Immergrüne Blätter sind meist dünn und spitz. Sie heißen Nadeln.

So kannst du die Kopie eines Blattes machen.

Leg dein Pflanzenblatt unter ein Blatt Papier.
Fahre mit der breiten Seite eines Kreidestücks übers Papier.

Welche Form hat dein Blatt? Beschreibe, wie es aussieht.

Die größte Gruppe unter den Pflanzen sind die blühenden Pflanzen.

Die meisten Bäume gehören zu den blühenden Pflanzen – genauso wie die Blumen im Garten und in der freien Natur.

Wie viele Blumen kennst du?

Blühende Pflanzen produzieren Blüten, Früchte und Samen.

Warum haben diese Pflanzen leuchtende Blüten?

Um Bienen und andere Insekten anzulocken.
Pflanzen brauchen uns, um ihren Blütenstaub zu verbreiten.
Das nennt man Bestäubung.

Blütenstaub ist ein gelblicher Staub in den Blüten. Er bleibt an den flauschigen Körpern der Insekten hängen.

Pflanzen brauchen Blütestaub von einer anderen Pflanze, um Samen bilden zu können.

Wo kannst du die Samen finden?

In Obst.
In Schalen.
In Hülsen.

Blühende Pflanzen produzieren Samen, aus denen neue Pflanzen wachsen können.

Was braucht ein Samenkorn, um zu einer Pflanze zu werden?

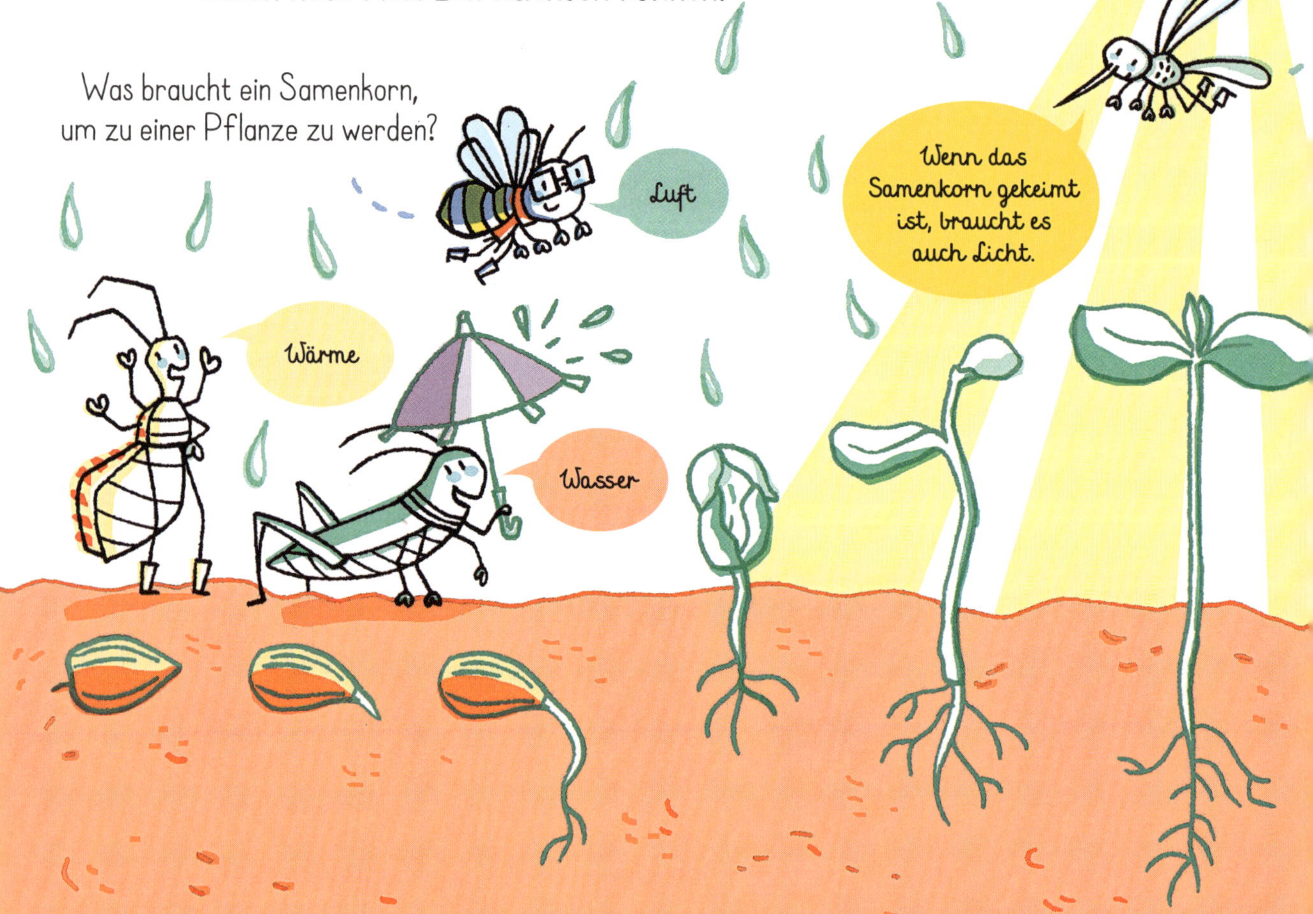
Luft
Wärme
Wasser
Wenn das Samenkorn gekeimt ist, braucht es auch Licht.

So bringst du ein Samenkorn zum Keimen.

Steck ein zerknülltes Papiertaschentuch in ein Glas.

Begieße es mit Wasser, bis es durchnässt ist.

Leg eine Bohne in das feuchte Tuch …

… und stell das Glas aufs Fensterbrett.

Es kann einige Tage dauern, bis sich etwas tut. Dann sollte eine Wurzel aus dem Samenkorn wachsen.

Es wächst!
Wurzel
Versuch doch mal, eine andere Bohne in einem Glas ohne Wasser oder Licht oder an einem kühlen Ort keimen zu lassen. Was passiert?

Schreib in einem Bohnentagebuch auf, was wann passiert.
Zeichne Bilder der verschiedenen Stadien und miss die Länge.
3. TAG 18 mm
7. TAG 36 mm
13. TAG 57 mm
15. TAG 62 mm
Schreib auf, wie hoch deine Pflanze ist.
Mach Fotos und klebe sie in dein Tagebuch.
30. TAG 81 mm

Tiere

Tiere können ganz unterschiedlich aussehen.
Es gibt Millionen verschiedener Arten, die überall um uns herum leben.

In der Luft.
Im Meer.
In Flüssen.
Auf Bauernhöfen.
In oder rund um unsere Häuser.
Unter der Erde.
Haustiere und Menschen sind auch Tiere.

Weißt du, was all diese Tiere gemeinsam haben?

Mensch
Schlange
Hai
Ente
Hund
Frosch
Sie haben alle eine **Wirbelsäule** – eine Reihe von Knochen in der Mitte ihres Rückens. Daher der Name **Wirbeltiere**.

Was ist mit uns?

Insekten haben keine Wirbelsäule.

Diese Tiere auch nicht ...

Qualle
Seestern
Krake
Krebs
Tiere ohne Wirbelsäule nennt man **Wirbellose**.

Wirbeltiere können in fünf Gruppen eingeteilt werden.

SÄUGETIERE

Säugetiere haben Haare oder Fell.

Säugetiere gebären Junge.

Sie sind Warmblüter.

Die Jungtiere ernähren sich von der Muttermilch.

Körper von Warmblütern bleiben auch bei Kälte warm.

VÖGEL

Vögel haben Federn und Flügel.

Sie legen Eier.

Sie sind Warmblüter.

Nicht alle Vögel können fliegen.

Pinguine und Strauße können nicht fliegen.

REPTILIEN

Reptilien haben Hornschuppen.

Die meisten Reptilien legen Eier.

Sie sind Kaltblüter.

Bei Kaltblütern passt sich die Körpertemperatur der Umgebung an.

AMPHIBIEN

Amphibien haben eine glatte Haut.

Sie leben auf dem Land …

… und im Wasser.

Sie durchlaufen drei Stadien – Ei, Larve und erwachsenes Tier.

Amphibien sind Kaltblüter.

FISCHE

Fische leben im Wasser.

Die meisten Fische haben Schuppen.

Die meisten Fische legen Eier.

Fische sind Kaltblüter.

Zu welchen Gruppen gehören diese Tiere?

LÖSUNG: 1. Reptilien, 2. Säugetiere, 3. Fische, 4. Amphibien, 5. Vögel

Alle Tiere brauchen Nahrung, Wasser und Sauerstoff zum Leben.

NAHRUNG

Durch Nahrung erhalten Tiere **Energie**, die sie brauchen, um **gesund** zu bleiben.

Sauerstoff ist ein Gas. Es ist in der Luft und auch im Wasser.
Manche Tiere fressen nur Fleisch.
Maulwurf
Schwertwal
Eisvogel
Löwe
Wir sind Fleischfresser.
Eichhörnchen
Bär
Rotkehlchen
Gottes-anbeterin
Einige Tiere fressen sowohl Fleisch als auch Pflanzen.
Giraffe
Wir sind Allesfresser.
Schwein
Ameise
Koala
Schnecke
Kuh
Wir sind Pflanzen-fresser.
Andere Tiere fressen nur Pflanzen.

WASSER

Die meisten Tiere trinken jeden Tag Wasser.

Taube
Katze
Mensch
Elefant
Käfer
Kängururatte
Zebra
Ich trinke nichts. Ich lebe in der Wüste, fresse Samen und nehme dadurch Flüssigkeit auf.

SAUERSTOFF

Säugetiere, Vögel und Reptilien atmen mit der **Lunge** Sauerstoff aus der Luft ein.

Die Lunge befindet sich in der Brust.

Gorilla
Lunge

Fische haben **Kiemen**, mit denen sie Sauerstoff aus dem Wasser aufnehmen.

Barsch
Kieme

Amphibien können mit Kiemen, Lunge UND ihrer Haut atmen.

Frosch

Die meisten Tiere sind am Anfang klein und werden dann GRÖSSER.

Ein Schmetterling hat Eier abgelegt.

Bald schlüpfen kleine Raupen.

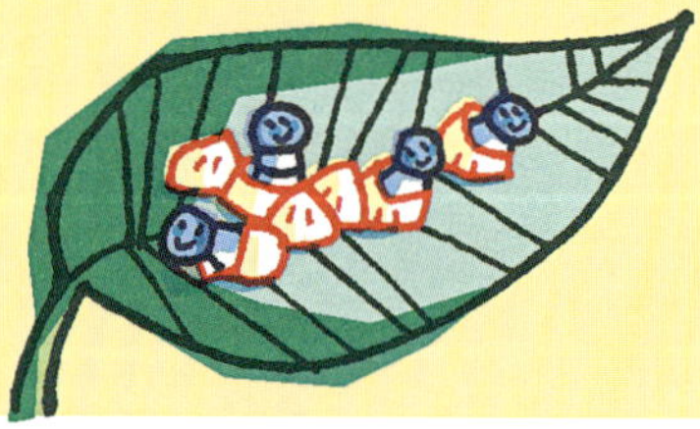

Sie fressen Blätter und werden immer größer.

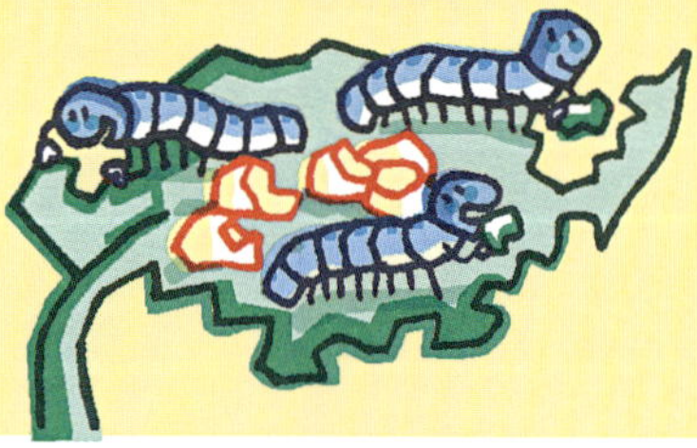

Menschen werden als kleine Babys geboren.

Sie wachsen …

… und werden z Kindern.

Ein Vogel legt Eier.

Sie werden ausgebrütet …

… und kleine Küken schlüpfen.

Kleine Lämmer werden geboren.

Sie trinken Muttermilch und fressen bald Gras.

Sie werden zu Schafen.

Dann entsteht eine harte Hülle um den Raupenkörper …
Eine sogenannte Puppe.
… und ein paar Wochen später schlüpft ein Schmetterling aus.
Kinder werden zu Jugendlichen …
… und Jugendliche zu Erwachsenen.
Die Küken werden gefüttert und wachsen.
Wenn ihre Flügel kräftig sind, fliegen sie davon.

Zu welchem Tier werden diese Jungen, wenn sie erwachsen sind?

1
Schwanenküken
2
Kaulquappe
3
Zicklein

LÖSUNG: 1. Schwan, 2. Frosch, 3. Ziege

Lebensräume

Die Umgebung, in der ein Tier lebt, nennt man Lebensraum.

Hier siehst du einige Beispiele von Lebensräumen. Wie es sich dort wohl lebt?

Wald
Es ist schattig und feucht.
Wüste
Es ist tagsüber heiß und trocken, aber nachts kalt.
Meer
Es ist nass und salzig.
Küste
Es ist felsig und windig.

Tiere passen sich ihrem Lebensraum an.

Wie passen sich diese Tiere an ihre Lebensräume an?
Arktis
Ihr Fell wärmt sie. Es ist schneeweiß und so können sie sich gut verstecken.
Regenwald
Der Affe schwingt sich geschickt von Ast zu Ast.
Das Chamäleon nimmt die Farbe der Blätter an.

Was ist dein Lieblingstier? Stell dir vor, du wärst dieses Tier.

Weißt du, wo es lebt?
TÖ-RÖÖ!
Welche Laute macht es?
Was frisst es?

Alle Tiere brauchen Energie aus der Nahrung, um zu überleben. Sie fressen Pflanzen oder andere Tiere, um diese Energie zu erhalten.

Wer frisst was in diesem Teich?
Reiher
Ich bin sehr hungrig!
Alge
Fisch
Flohkrebs

Alge
Ich fresse Algen.
Ich fresse Flohkrebse.
Ich fresse Fische.
Reiher
Flohkrebs
Fisch

Das ist eine **Nahrungskette**.
Die Pfeile zeigen, wer wen frisst.

Nahrungsketten beginnen oft mit einer Pflanze und enden mit einem großen Tier.

Ich fresse Karotten.
Ich fresse Kaninchen.
Karotte
Kaninchen
Fuchs

Pflanzen sind **Produzenten.** Sie erzeugen ihre Nahrung selbst.

Tiere, die selbst gefressen werden, nennt man **Beutetiere.**

Tiere, die andere Tiere fressen, nennt man **Raubtiere.**

Manche Nahrungsketten sind länger als andere.

Gras
Grashüpfer
Frosch
Schlange
Adler

Der Frosch und die Schlange sind Raubtiere und Beutetiere!
Wer ist hier das Raubtier?
Der Igel.
Er frisst Schnecken!

Menschen

Wenn du in den Spiegel schaust, siehst du ein Wirbeltier der besonderen Art. Es gehört zu den Säugetieren und man nennt es Mensch.

4
All diese Personen sind Menschen.
2
Was haben die Körper aller Menschen gemeinsam?
Sie haben alle die gleichen Körperteile an derselben Stelle.

Wie heißen die verschiedenen Teile deines Körpers?

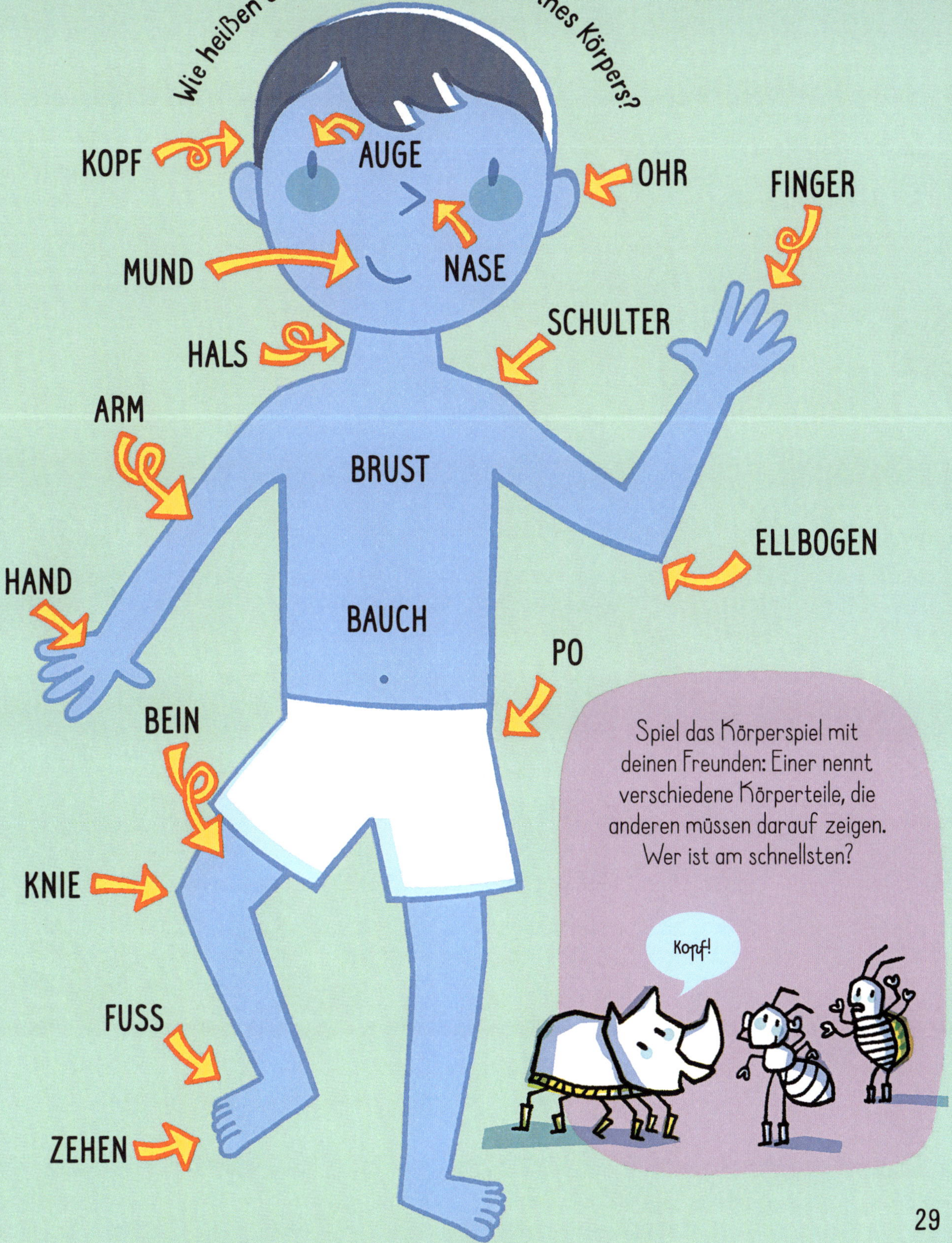

Spiel das Körperspiel mit deinen Freunden: Einer nennt verschiedene Körperteile, die anderen müssen darauf zeigen. Wer ist am schnellsten?

In deinem Körper befindet sich ein Skelett. Es ist ein Gerüst aus Knochen, das deinem Körper seine Form gibt und ihn beweglich macht.

Jeder Knochen hat eine andere Aufgabe.

Die kleinsten Knochen sind in deinem Ohr. Sie helfen dir beim Hören.

SCHÄDEL

Dein harter Schädel schützt dein Gehirn.

Mit deinem Gehirn denkst du.

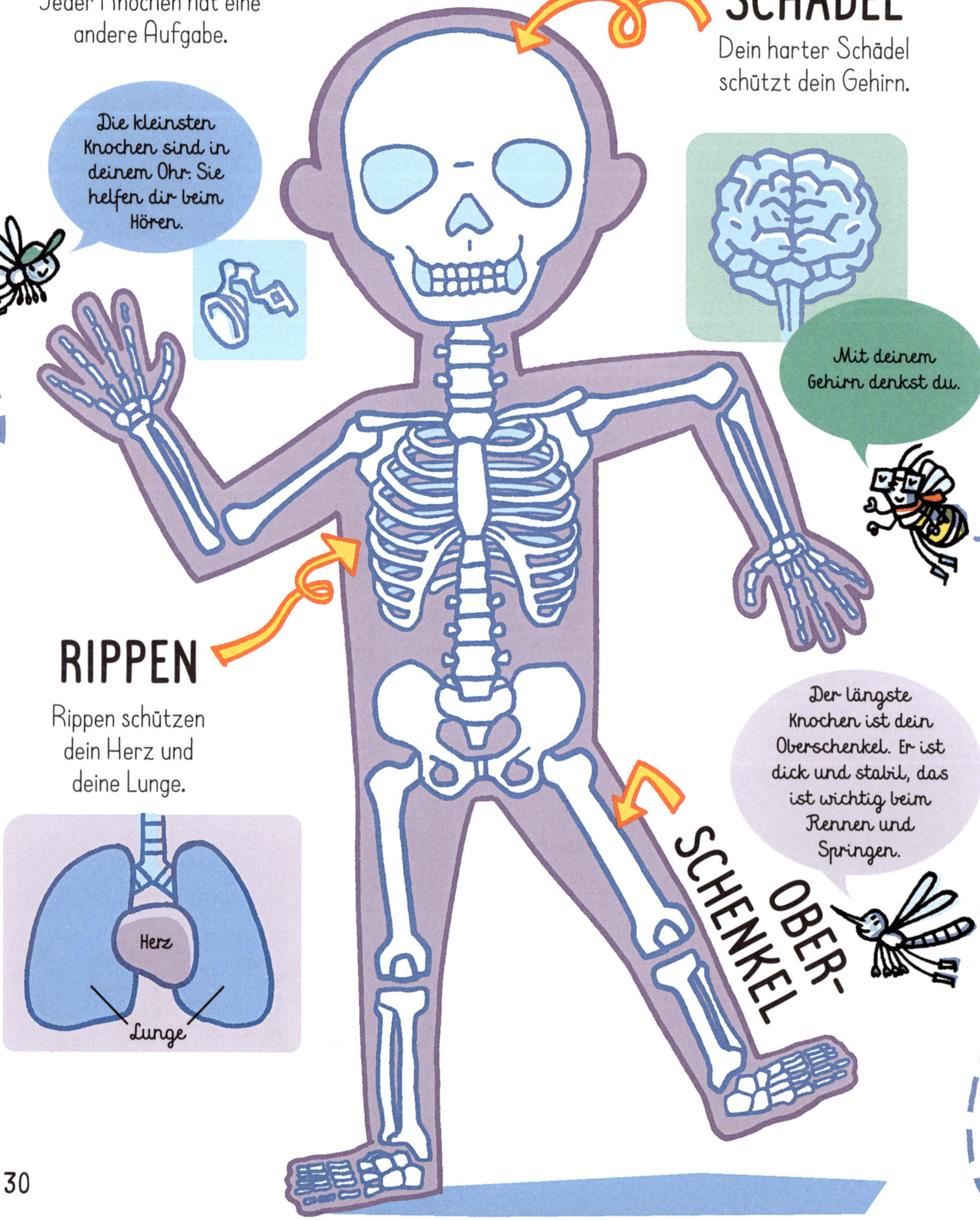

RIPPEN

Rippen schützen dein Herz und deine Lunge.

Der längste Knochen ist dein Oberschenkel. Er ist dick und stabil, das ist wichtig beim Rennen und Springen.

OBER-SCHENKEL

Deine Knochen bewegen sich nicht von allein. Sie brauchen Muskeln dazu.

Muskeln arbeiten im Team: Wenn der eine sich **anspannt**, **entspannt** sich der andere.

So arbeiten die Muskeln in deinem Oberarm.

Wenn du den Arm streckst, entspannt sich der obere Muskel …

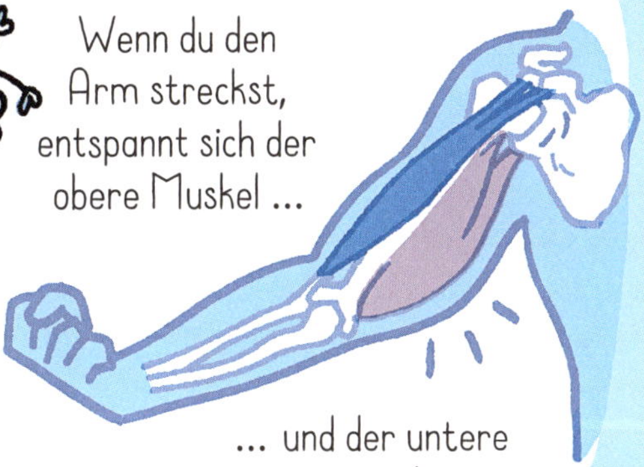

… und der untere spannt sich an.

Du hast über 600 Muskeln in deinem Körper.

Beugst du den Arm, spannt sich der obere Muskel an …

Beuge deinen Arm. Fühlst du den Muskel?

… und der untere entspannt sich.

Manche Menschen brauchen Hilfe, um sich fortzubewegen …

… oder bei anderen Körperfunktionen.

Eine Brille hilft beim Sehen.

Ein Inhalator erleichtert das Atmen.

Ein Hörgerät unterstützt das Hören.

Auf fünf verschiedene Arten kann dein Körper wahrnehmen, was um dich herum los ist. Dafür hast du fünf Sinne.

Über verschiedene **Sinnesorgane** gelangen Informationen ins Gehirn.

HÖREN

Mit deinen **Ohren** kannst du Stimmen, Geräusche, Musik und vieles mehr **hören.**

BRÜLL!

Manche Geräusche sind leise ...

Pieps, pieps!

Tick-tack!

... und andere SEHR LAUT!

BRUUUUM!

FÜHLEN

Mit deiner **Haut** kannst du **fühlen.**

Dinge fühlen sich weich, hart oder glatt an.

Auch Hitze und Kälte kannst du fühlen.

RIECHEN

Mit deiner **Nase** kannst du **riechen.**

Manches riecht gut ...

... und anderes eklig!

SCHMECKEN

Mit **Mund** und **Zunge** kannst du **schmecken.**

SEHEN

Mit deinen **Augen** kannst du Dinge **sehen.**

Sie können in deiner Nähe sein ...

... oder weit entfernt.

Dein Körper funktioniert am besten, wenn er gesund ist.

Deshalb ist es sehr wichtig, die richtigen Nahrungsmittel zu essen.

Hier siehst du eine Auswahl gesunder Nahrungsmittel.

Iss viel Obst und Gemüse. Sie sind voller **Vitamine**, die dein Körper braucht.

Iss nur wenig Fett.

Das sind Nahrungsmittel mit vielen **Kohlenhydraten**. Sie geben dir Energie.

In diesen Nahrungsmitteln sind viele **Proteine**. Sie helfen beim Wachsen und Heilen.

Zucker ist nicht gut für deine Gesundheit und deine Zähne. Aber ab und zu ist Naschen erlaubt.

Fünf Gläser pro Tag sind eine gute Menge.

Trink viel **Wasser**, das ist wichtig für den Körper.

Was dir außerdem noch hilft, gesund zu bleiben.

Mach viel **Sport**.

Wenn man aktiv ist, fühlt man sich gut.
Durch Sport wird dein Körper stark und fit.
Frische Luft ist auch sehr wichtig.

Wasch deine Hände.

HATSCHI!
Kankheits-keime
Keime können dich und andere Leute krank machen.

Putz zweimal täglich deine **Zähne**.

Achte darauf, dass du ausreichend **schläfst**.

Während du schläfst, erholt sich dein Körper und wächst. Dein Gehirn verarbeitet, was du erlebt hast.

Stoffe

Alle Dinge sind aus verschiedenen Stoffen. Statt „Stoff" kann man auch „Material" sagen.

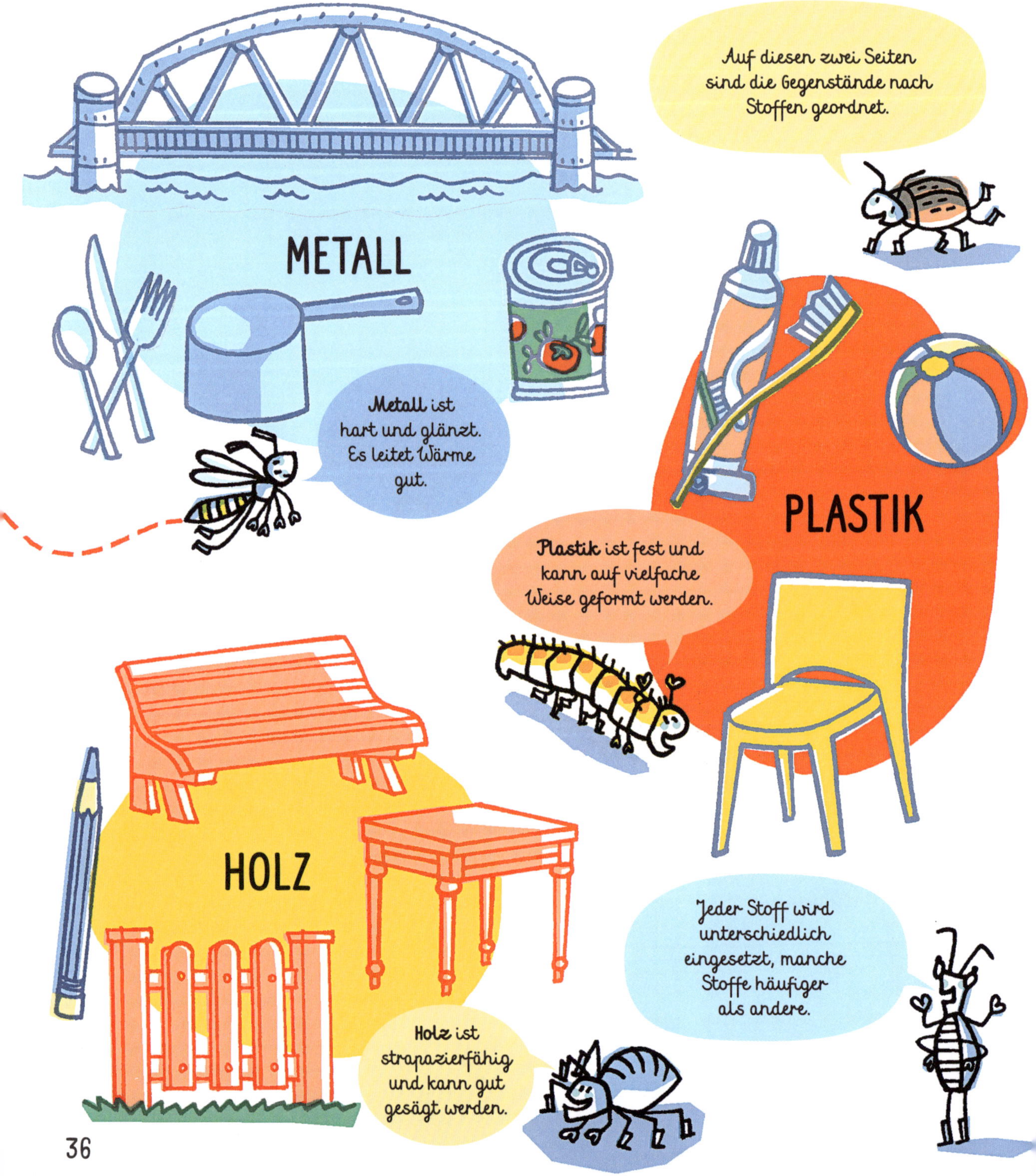

Auf diesen zwei Seiten sind die Gegenstände nach Stoffen geordnet.
METALL
Metall ist hart und glänzt. Es leitet Wärme gut.
PLASTIK
Plastik ist fest und kann auf vielfache Weise geformt werden.
HOLZ
Holz ist strapazierfähig und kann gut gesägt werden.
Jeder Stoff wird unterschiedlich eingesetzt, manche Stoffe häufiger als andere.

Glas ist sehr zerbrechlich!
GLAS
Es ist auch durchsichtig.
Baumwolle ist dünn und weich und manchmal dehnbar.
BAUMWOLLE
Keramik ist zerbrechlich. Wenn man sie mit einer Glasur versieht, ist sie wasserdicht.
I ♥ NY
KERAMIK
Wolle ist flauschig und warm, kann aber auch ein bisschen kratzen.
WOLLE
Findest du weitere Beispiele für diese Materialgruppen?

Alle Stoffe kommen aus der Natur.
Diese Grundstoffe nennt man Rohstoffe.

Wolle stammt von Schafen. Ihr wolliges Fell wird geschoren (und wächst nach).
Wie beim Friseur.
Holz stammt von Bäumen.
Baumwolle wächst an Sträuchern.
Baumwolle ist der Flaum, der die Samen schützt.

Viele Rohstoffe findet man im Erdreich.

Glas wird aus Sand hergestellt.
Keramik ist aus Ton, einer Art Lehm.
Metallhaltiges Gestein nennt man Erz.
Gold, Silber, Eisen und Kupfer sind Metalle.
Plastik wird aus Öl hergestellt.
Öl entstand unter der Erde im Verlauf von Millionen Jahren.

Rohstoffe werden oft zu neuen Stoffen verarbeitet.

Aus feinen Holzspänen, die mit Wasser vermischt, gepresst und getrocknet werden, entsteht Papier.

HOLZ
PAPIER
Für die Herstellung der folgenden drei Materialien braucht man Hitze.

Sand wird mit einem Pulver gemischt und geschmolzen.
Die heiße, durchsichtige Masse wird zu Glasscheiben gegossen.

SAND
GLAS

Eisenerz wird geschmolzen. Gibt man ein wenig Kohlenstoff dazu, wird aus Eisen Stahl.

EISEN
STAHL
Stahl ist stärker und härter als Eisen.

Öl wird durch Erhitzen in verschiedene Stoffe getrennt. Mithilfe von Chemikalien kann man aus einem dieser Stoffe mehrere Arten von Plastik herstellen.

ÖL
PLASTIK

Die meisten Stoffe auf dieser Seite können recycelt werden.

Glas und Metall können geschmolzen und immer wieder verwertet werden. Papier kann ungefähr siebenmal recycelt werden. Auch manche Arten von Plastik können recycelt werden, aber nur bis zu zehnmal.

Für manche Aufgaben eignen sich nur bestimmte Materialien.

Was wäre, wenn es folgende Dinge gäbe:

Eine Teekanne aus Schokolade?

Die Teekanne würde schmelzen.

Ein Zelt aus Holz?

Es wäre zu groß und zu schwer für die Urlaubsreise.

Eine Pfanne aus Plastik?

Sie würde beim Erhitzen schmelzen und verbrennen.

Ein T-Shirt aus Metall?

Es wäre sehr unbequem.

Wenn Erfinder an etwas Neuem arbeiten, überlegen sie, welches Material am besten dafür geeignet wäre.

WIE MUSS ES SEIN?

WASSERDICHT?
HART?
WEICH?
BRUCHSICHER?
SAUGFÄHIG?
Statt „saugfähig" kann man auch „absorbierend" sagen.
DEHNBAR?
STARR?

Manchmal entwickeln Erfinder ein neues Material, das besser als andere geeignet ist.

Manchmal verwenden Erfinder einen bekannten Stoff auf neue Weise.

Charles Macintosh erfand ein wasserdichtes Gewebe für Regenjacken.
John Dunlop pumpte Luft in einen Gummischlauch – und erfand eine neue Art von Reifen.
So wurde Radfahren angenehmer.

Bau dir ein kleines Haus und probiere dabei aus, welche Materialien du für welche Zwecke einsetzen kannst.

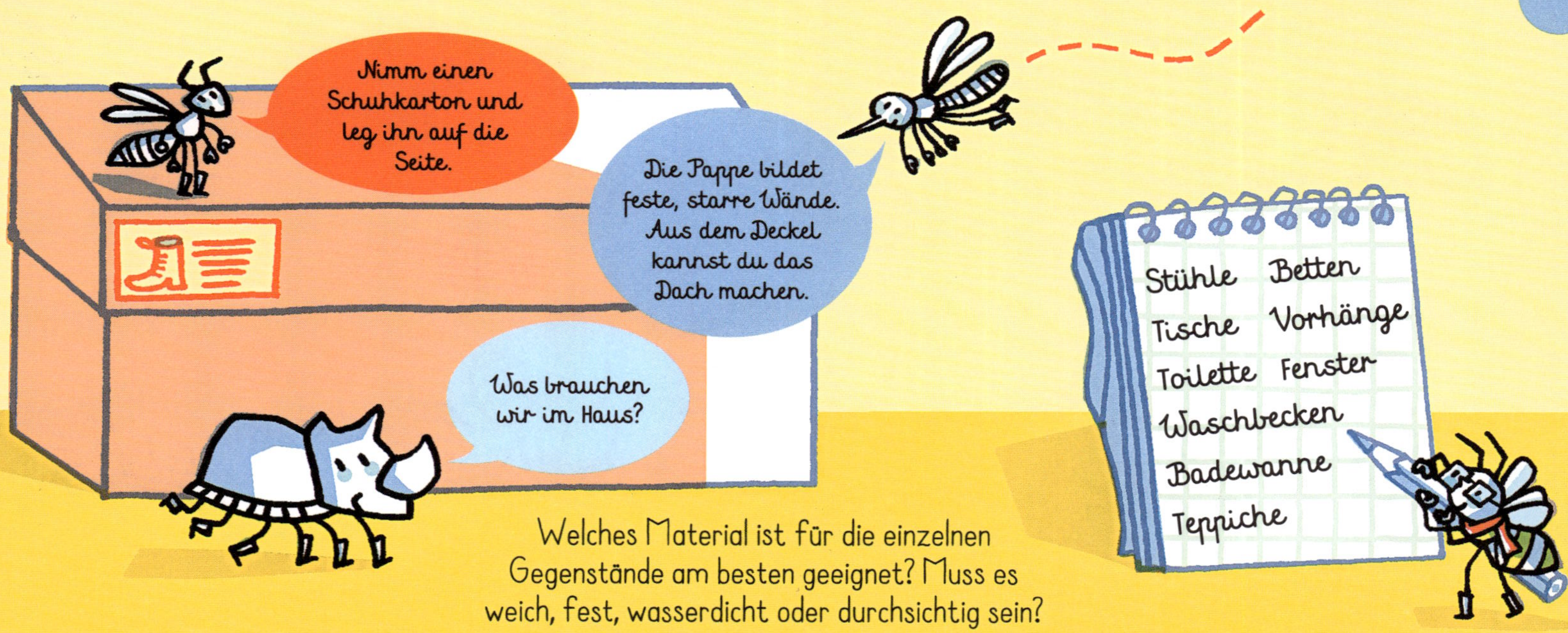

Welches Material ist für die einzelnen Gegenstände am besten geeignet? Muss es weich, fest, wasserdicht oder durchsichtig sein?

Hier sind ein paar Materialien und Gegenstände, die du verwenden könntest.

Was kannst du wofür verwenden?
Eine Garnrolle ist ein runder, fester Tisch.
Pappe dient als stabiles Dach.
Eine Plastiktüte macht das Dach wasserdicht.
Stoff ist ein guter Überzug für ein Bett aus Schwamm.
Ein Becher aus Plastik ist eine wasserdichte Wanne.
Bequeme Sitze bestehen aus weichem Schwamm.
Zusammengeklebte Eisstiele werden zu einem Tisch.
Durchsichtige Folienstücke werden Fensterscheiben.

Stoffe kommen in drei verschiedenen Aggregatzuständen vor: fest, flüssig und gasförmig.

Schau dir das Glas Limonade an.

Das Glas ist fest.
Das Eis und der Strohhalm sind auch fest.
Die Bläschen sind gasförmig.
Die Limonade ist flüssig.

Sind diese Dinge fest, flüssig oder gasförmig?

1 Ein Apfel.

2 Der Apfelsaft in dieser Flasche.

3 Die Luft, die wir atmen.

LÖSUNG: 1. fest, 2. flüssig, 3. gasförmig

Wird ein Stoff warm oder kalt, kann er seinen Aggregatzustand verändern.

SCHMELZEN

Ein Eis ist fest ...
... bis es sich erwärmt und schmilzt. Dann wird es flüssig.

VERDUNSTEN

Regenwasser ist flüssig und sammelt sich in Pfützen.
Wenn es warm wird, steigt es auf und vermischt sich mit dem Gas in der Luft.
Es verdunstet.

GEFRIEREN

Wasser ist flüssig.
Im Eisfach gefriert es und wird fest.

Einige feste Stoffe scheinen zu verschwinden, wenn man sie mit einem flüssigen Stoff vermischt. Man nennt diesen Vorgang auflösen.

Hier ein Beispiel:

ZUCKER + WASSER = ZUCKRIGES WASSER
Gib etwas Zucker in warmes Wasser.
Rühr um und beobachte, wie sich der Zucker auflöst.
Das Wasser schmeckt süß.
Der Zucker ist immer noch da. Er hat sich nur in winzige Teile aufgelöst und mit dem Wasser vermischt.
Feste Stoffe, die sich in Wasser auflösen, nennt man löslich.

Welche dieser festen Stoffe lösen sich in Wasser auf?

Sand
Instantkaffee
Mehl
PUDER-ZUCKER
Salz
Pfeffer
Feste Stoffe, die sich in Wasser nicht auflösen, nennt man nicht löslich.
Probier es selbst aus!

LÖSUNG: Salz, Puderzucker und Instantkaffee lösen sich in Wasser auf.

Wenn man verschiedene Stoffe miteinander mischt, findet manchmal eine Veränderung statt – eine Reaktion.

Was geschieht, wenn du Essig und Backpulver mit Wasser mischst?

Achtung! Führe das Experiment nur unter Aufsicht eines Erwachsenen durch.

Fülle einen Becher zu einem Drittel mit Wasser.

Gib fünf Teelöffel Backpulver hinein und rühr gut um.

Schütte ein wenig Essig dazu …

… und beobachte, wie es zu schäumen beginnt.

Wenn Essig und Backpulver vermischt werden, entsteht ein Gas, das die Flüssigkeit zum Brodeln bringt.

Die Mischung wird durch die enge Flaschenöffnung gedrückt und spritzt mit Wucht heraus.

Das passiert, wenn du das Experiment in einer Plastikflasche durchführst:

ACHTUNG! NIMM DAFÜR NIE EINE GLASFLASCHE. SIE KÖNNTE ZERPLATZEN.

Wir verwenden täglich viele Stoffe – und werfen viele weg.

Abfall ist schädlich für Tiere und Pflanzen, Flüsse und Meere.

Diese Abfallstoffe gehören als **Wertstoffe** in die **Recyclingtonne.**

Wie wird eine Dose recycelt? Folge den Pfeilen.

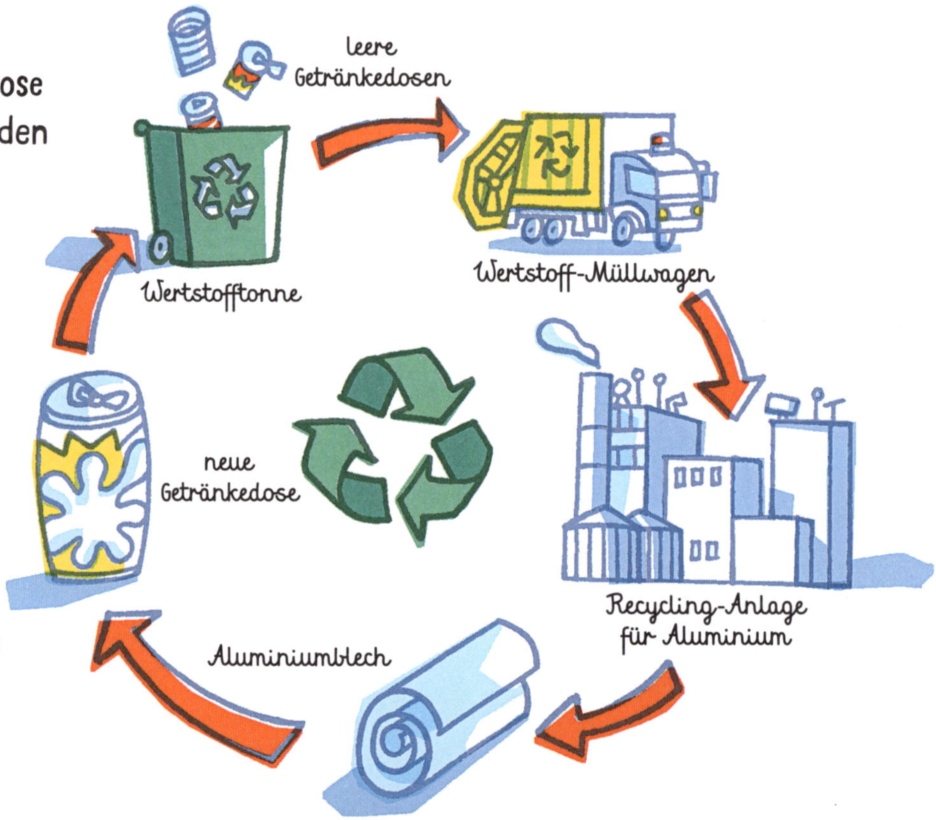

Abfall, der nicht recycelt werden kann, wird in der **Restmülltonne** gesammelt.

Früher wurde er auf eine Müllhalde gebracht und vergraben.

Heute kommt er in die Müllverbrennungsanlage, die Strom erzeugt.

Leider wird Abfall häufig einfach weggeworfen und große Mengen davon landen im Meer. Plastikmüll verrottet nicht. Er bleibt im Wasser und ist gefährlich für Tiere.

Wenn wir bis zum Jahr 2050 unsere Angewohnheiten nicht ändern, wird es im Meer mehr Plastik als Fische geben.

Wie können wir Abfall vermeiden?

Benutze wiederauffüllbare Trinkflaschen.

Geh mit einer Stofftasche einkaufen.

Repariere Dinge – wirf sie nicht einfach weg.

Kompostiere Nahrungsreste.

Licht

Im Dunkeln können wir nichts erkennen. Wir können nur bei Licht sehen.

Ein Gegenstand, der Licht abgibt,
ist eine **Lichtquelle.**

Wenn es keine Lichtquellen gibt, herrscht

DUNKELHEIT.

Ich kann nichts sehen!

Licht durchdringt die Luft.

Licht durchdringt Wasser.

Licht strahlt durch Glas. Deshalb kannst du durch Glas sehen.

Licht kann auch einige Gegenstände durchdringen.

Aber die meisten Gegenstände blockieren Licht …

Licht kann nicht durch die Pflanze dringen.

… und erzeugen dunkle **Schatten** auf der lichtabgewandten Seite.

Leuchte mit einer Taschenlampe an eine weiße Wand und versuche, verschiedene Schattengebilde zu erzeugen.

Nutze dazu deine Hand, deinen Körper oder Gegenstände.

Ich bin ein Schneemann!

Wir sehen Dinge, wenn Lichtstrahlen von ihnen abprallen und in unsere Augen fallen.

HUH!
Ich sehe dich!

Licht prallt von glänzenden Oberflächen besonders gut ab.

Das Licht aus der Glühbirne prallt vom Käfer ab, fällt in den Spiegel und kommt zum Käfer zurück.

Es **reflektiert** so gut, dass ich mich selbst sehen kann!
Das Bild im Spiegel ist eine **Reflexion**.

Der Mond erzeugt kein eigenes Licht.

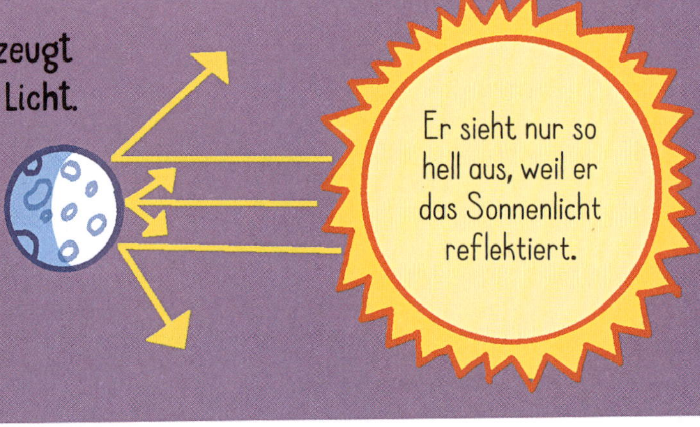
Er sieht nur so hell aus, weil er das Sonnenlicht reflektiert.

Licht lässt uns verschiedene Farben sehen.

Welche Farben siehst du um dich herum?
Rot
Blau
Grün
Gelb
Orange
Lila

Einige Farben sind klarer als andere.

Wenn du Rad fährst, ist es besser, leuchtende Farben zu tragen.
Straßenschilder und Markierungen haben auffallende Farben.
Warum tragen Straßenarbeiter reflektierende Jacken?
Damit andere Leute sie besser erkennen können.
STOP

Klänge und Geräusche

**Wir hören jeden Tag viele Klänge und Geräusche.
Schließe deine Augen für einen Moment und lausche.**

Wie würdest du diese Geräusche beschreiben?

BUMM!
Sehr laut.

KRAH, KRAH!
KRAH, KRAH!
Lärmend.

Raschel, raschel!
Leise.

Pieps, pieps!
Hoch und schrill.
Grrrrrr...
Tief und brummend.

Geräusche klingen leiser, wenn sie weiter entfernt sind ...

RETTUNGSWAGEN
TATÜTATA!

... und werden LAUTER, wenn sie näherkommen.

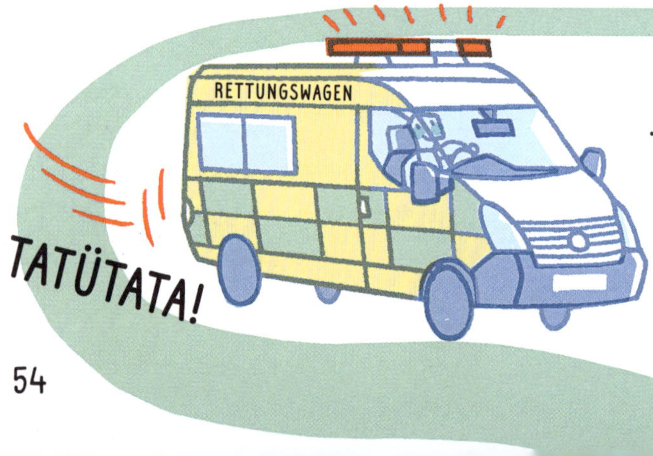
RETTUNGSWAGEN
TATÜTATA!

Hör genau hin, bevor du die Straße überquerst!

Unterschiedliche Materialien erzeugen unterschiedliche Klänge.

Welchen Klang erzeugt Metall?

KLONG!
Ping!
Kling, kling!
DING! DONG!

Welchen Klang erzeugt Holz?

Klopf, klopf!
Krrrrrrr...
OH!
KNACK!

Welchen Klang kannst du mit folgenden Dingen erzeugen?

Einem Blatt Papier?
Ritsch!
Einem Gummiband?
ZUPP!
Stäbchen aus Plastik?
Klack, klack!

Klang entsteht, wenn etwas leicht schwingt. Diese Bewegung nennt man Vibration.

Zeit aufzustehen!

Die Vibrationen bewegen sich durch die Luft ...

... und unsere Ohren nehmen sie als Klang wahr.

Wenn man die Geschwindigkeit oder Stärke der Vibrationen ändert, ändert sich auch das Geräusch, das man hört.

Sprechen und Singen entstehen durch Vibrationen in deinem Hals.

Schnelle Vibrationen klingen hoch.

Lalala...

LALALA...

Langsame Vibrationen klingen tief.

Je stärker die Vibrationen, desto lauter das Geräusch.

BSSS...

Wenn sich Vibrationen entfernen, werden sie schwächer und das Geräusch wird leiser.

BSSSSSSSSSSSSSS...
Ich kann sie jetzt fast nicht mehr hören.

Um mit einem Musikinstrument einen Klang zu erzeugen, musst du es zum Vibrieren bringen.

Gitarrensaiten vibrieren, wenn man sie zupft oder anschlägt.
Wenn du in eine Blockflöte bläst, vibriert die Luft darin.
Wenn du auf ein Xylofon schlägst, vibrieren die Holzstäbe.
Geigensaiten vibrieren, wenn man mit einem Bogen über sie streicht.
Die größeren Stäbe vibrieren langsamer und erzeugen tiefere Klänge.

Fülle Gläser mit unterschiedlichen Mengen Wasser. Dann klopfe mit einem Bleistift an sie.

Was hörst du?

Welches Glas erzeugt den höchsten Klang?
Sie erzeugen unterschiedliche Klänge.
Das fast leere Glas.

Je weniger Wasser im Glas ist, desto schneller vibriert es. Schnellere Vibrationen erzeugen höhere Klänge.

Kräfte

Wenn du etwas bewegen willst, schiebst oder ziehst du. Dabei wirken Kräfte. Wir setzen jeden Tag Kräfte ein.

Eine Schublade aufziehen.
Deine Arme in die Ärmel schieben.
Wie oft schiebst oder ziehst du etwas, bis du morgens zur Schule gehst?
Deine Socken hochziehen.
Die Bürste durch deine Haare ziehen.
Die Toilettenspülung drücken.
Die Tür auf- und zuziehen.

Maschinen verwenden auch Kräfte.

ZIEHEN
SCHIEBEN

Wie werden diese Dinge bewegt?

Durch Wind oder Atemluft geschoben.
Vom Wasser geschoben.

Schiebst du etwas,
bewegt es sich von dir weg.

Ziehst du etwas,
bewegt es sich zu dir hin.

Je stärker du etwas schiebst oder ziehst, desto schneller und weiter bewegt es sich.

Die Verlangsamung geschieht durch Reibung.

Da es aber am Boden reibt, wird es langsamer und hält irgendwann an.

Manchmal verändert sich die Form von etwas, wenn man es schiebt oder zieht.

Versuche, Knete, Teig oder Ton zu schieben oder zu ziehen.

Wie viele verschiedene Formen kannst du machen?

Die Kraft eines Magneten kann Metalle anziehen.

Dinge, die von Magneten angezogen werden, sind **magnetisch.**
Magnetische Dinge sind meistens aus Eisen oder Stahl.
Andere Gegenstände (auch einige aus Metall) sind **nicht magnetisch.**
Wenn du einen Magnet hast, kannst du testen, ob etwas magnetisch ist.
Berühre etwas mit dem Magnet. Spürst du die Anziehungskraft?

Sprungfedern können durch Drücken und Ziehen Kräfte aufnehmen und abgeben.

Sprungfedern kehren immer in ihre Ausgangsform zurück.
Drück sie zusammen – sie springt zurück.
Zieh sie auseinander –
sie springt wieder zurück.

Sprungfedern und Magnete werden in vielen Alltagsgegenständen eingesetzt.

Hier siehst du, wofür Sprungfedern benutzt werden.

Toastscheiben springen nach oben.
BOING!
Betten werden bequem.
In der Matratze sind Sprungfedern.
Trampoline erhalten Sprungkraft.
Erschütterungen werden abgedämpft.
Die Federn sind über den Rädern.

Hier siehst du, wofür Magnete benutzt werden.

Sie halten die Kühlschranktür geschlossen.
Sie richten die Kompassnadel nach Norden aus.
W
N
E
S
Sie halten Notizen fest.
Sie verlangsamen die Achterbahn.
Starke Magnete bremsen uns.

Strom

Viele Dinge in unserem Alltag benötigen Strom, um zu funktionieren.

Strom ist **Energie.** Er fließt durch Kabel in unsere Häuser.
Kabel in den Wänden bringen den Strom zu **Lampen** und **Steckdosen.**
Steckdosen sehen in jedem Land anders aus.
Aus den Steckdosen erhalten elektrische Geräte Energie, um zu funktionieren.
Manche Geräte haben eigene Stromquellen: **Batterien** oder **Akkus.**
Man kann sie auch ohne Steckdose benutzen.
Akkus kann man **wiederaufladen,** wenn sie leer sind.
Batterien muss man ersetzen, wenn sie leer sind.
Verbrauchte Batterien sind Wertstoffe und man kann sie recyceln!

Strom ist sehr nützlich, kann aber auch sehr gefährlich sein.

SICHERHEITSTIPPS

Hier sind einige wichtige Tipps für deine Sicherheit.

Nur Stecker dürfen in Steckdosen gesteckt werden.

Am besten macht das ein Erwachsener für dich.

Halte Getränke von elektrischen Geräten fern.

Nimm niemals elektrische Geräte mit ins Badezimmer.

Strom wird bei Kontakt mit Flüssigkeiten gefährlich.

Fass Schalter oder elektrische Geräte nur mit trockenen Händen an.

Lass Kabel nicht auf dem Boden liegen. Sie sind Stolperfallen.

ACHTUNG! STROM IST LEBENSGEFÄHRLICH. HALTE DICH STETS AN DIESE TIPPS.

Wetter

Wie ist das Wetter heute?

Wetterexperten benutzen Geräte, um das Wetter zu messen.

Wetteransager verwenden oft Symbole, um zu zeigen, wie das Wetter wird.

Kennst du einige dieser Symbole?
MONTAG
DIENSTAG
MITTWOCH
DONNERSTAG
FREITAG
starker Regen
bewölkt und sonnig
Schnee
Gewitter
sonnig

Was kann entstehen, wenn es regnet und gleichzeitig die Sonne scheint?
Manchmal scheint die Sonne durch den Regen ...
... und erzeugt einen Regenbogen!
Regenbogen haben immer die gleichen Farben in der gleichen Reihenfolge.

Jahreszeiten

In vielen Regionen der Welt ist das Jahr in vier Jahreszeiten eingeteilt. Jede hat ein typisches Wettergeschehen.

Mit den Jahreszeiten ändert sich auch die Länge der Tage.

FRÜHLING

Im Frühling wird es wärmer und es bleibt draußen länger hell.

Pflanzen beginnen zu wachsen.

Vögel bauen ihre Nester.
Es ist oft regnerisch.

SOMMER

Sommertage sind die heißesten und längsten, denn die Sonne geht erst spät unter.

Die Sonne steht hoch am Himmel.
Die Bäume sind voller Blätter.

Schau nie direkt in die Sonne.

HERBST

Im Herbst wird es kühler und früher dunkel.

Vögel fliegen in wärmere Regionen.
Viele Bäume verlieren ihre Blätter.
Es regnet öfter.

WINTER

Wintertage sind die kältesten und kürzesten, denn es ist nicht sehr lang hell.

Die Sonne steht nie sehr hoch am Himmel.
Es kann Frost, Eis und Schnee geben.
Die Tiere suchen Schutz an warmen Plätzen.

An manchen Orten auf der Welt gibt es nur zwei Jahreszeiten: eine Regen- und eine Trockenzeit.

In der Regenzeit fällt fast der ganze Regen des Jahres.

In der Trockenzeit scheint die Sonne am wolkenlosen Himmel. Es regnet fast nie.

Tag und Nacht

Jeden Tag sieht man die Sonne über den Himmel wandern, weil die Erde sich dreht.

Die Sonne macht den Tag hell, auch wenn der Himmel bewölkt ist.

AUFGANG
MITTAG
UNTERGANG
Früh am Morgen geht die Sonne auf.
In der Mitte des Tages steht die Sonne am höchsten.
Am Ende des Tages geht die Sonne unter.

Was tagsüber passiert:

Vögel singen bei Sonnenaufgang.
Am Mittag sind oft viele Menschen unterwegs.
Kaninchen suchen in der Abenddämmerung Nahrung.
Was machst du normalerweise zu diesen Zeiten?

Was passiert nach Sonnenuntergang?

Der Himmel wird dunkel.

In wolkenlosen Nächten kannst du Sterne und den Mond sehen.

Die meisten Menschen schlafen.

Viele Tiere schlummern in ihren Nestern oder Bauen.

Manche Tiere werden munter.

HUU-HUUU!

Tiere, die nachts aktiv sind, nennt man **nachtaktiv**.

Straßenlaternen und Autoscheinwerfer werden eingeschaltet.

Menschen brauchen Licht, um sehen zu können.

Du kannst die Sonne nicht mehr sehen, aber sie ist noch da. Sie scheint jetzt auf der anderen Seite der Erde.

Es sieht so aus, als ob die Sonne über den Himmel wandern würde, in Wirklichkeit bewegst DU dich aber.

Du lebst auf einem großen, runden Planeten – der Erde.
So sieht die Erde aus dem Weltraum aus.

Die Erde dreht sich ständig. In 24 Stunden einmal um sich selbst.

Auf der sonnenzugewandten Seite ist es auf der Erde Tag.

Auf der sonnenabgewandten Seite ist es auf der Erde Nacht.

Die Erde dreht sich um eine imaginäre Linie, die man Achse nennt.

Mit einem Ball und einer Taschenlampe kann man Tag und Nacht erklären.

Ich drehe die Erde.
Ich bin die Sonne. Ich scheine auf die Erde.

Auf der anderen, der dunklen Seite des Balls ist jetzt Nacht.

Die Sonne ist eine riesige, leuchtende Gaskugel im fernen Weltraum.

Der Durchmesser der Sonne ist über 100 Mal größer als der Erddurchmesser. Ungefähr eine Million Erden passen in die Sonne!

Warum erscheint die Sonne dann so klein am Himmel?
Weil sie ungefähr 150 Millionen Kilometer entfernt ist.

Alle Sterne sind leuchtende Gaskugeln. Auch die SONNE ist ein STERN!

Die Sterne, die wir am Nachthimmel sehen, sind noch weiter entfernt als die Sonne.

Jahre und Monate

Die Erde dreht sich nicht nur um sich selbst, sondern sie bewegt sich auch in großen Kreisen um die Sonne.

Die Kreisbahn um die Sonne nennt man Umlaufbahn.
Die Erde braucht ein Jahr, um einmal die Sonne zu umrunden.
Die Erde dreht sich auch um sich selbst. So entstehen Tag und Nacht.
Die Erde dreht sich während eines Umlaufs um die Sonne etwa 365 Mal um sich selbst.
Also gibt es in den meisten Jahren 365 Tage. Schaltjahre haben 366.

Während die Erde um die Sonne kreist, kreist der Mond um die Erde.

der Mond

Der Mond braucht fast einen Monat (27 Tage), um die Erde zu umrunden.

Der Mond am Nachthimmel scheint seine Form zu verändern.

Welche Mondformen kannst du sehen?
Vollmond
Halbmond
Sichelmond

In Wirklichkeit verändert sich der Mond nicht ...

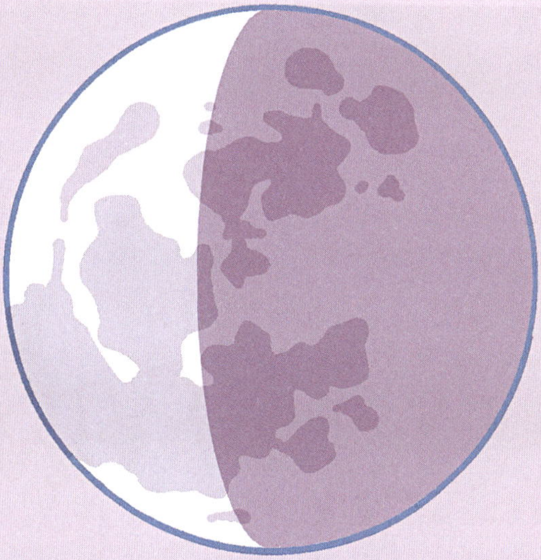

... aber du kannst nur den Teil sehen, der von der Sonne beleuchtet wird und der Erde zugewandt ist.

Die dunklen Flecken auf dem Mond sind Gebiete mit dunklem Gestein.

Mond, Sonne und Erde sind UNTERSCHIEDLICH groß.

Hier ist ein Vergleich.

Wenn die Sonne ein Wasserball wäre ...

... wäre die Erde so groß wie eine Erbse ...

... und der Mond so groß wie ein Sandkorn!

Leben auf der Erde

Unser Planet ist großartig. Er hat alles, was man zum Leben braucht.

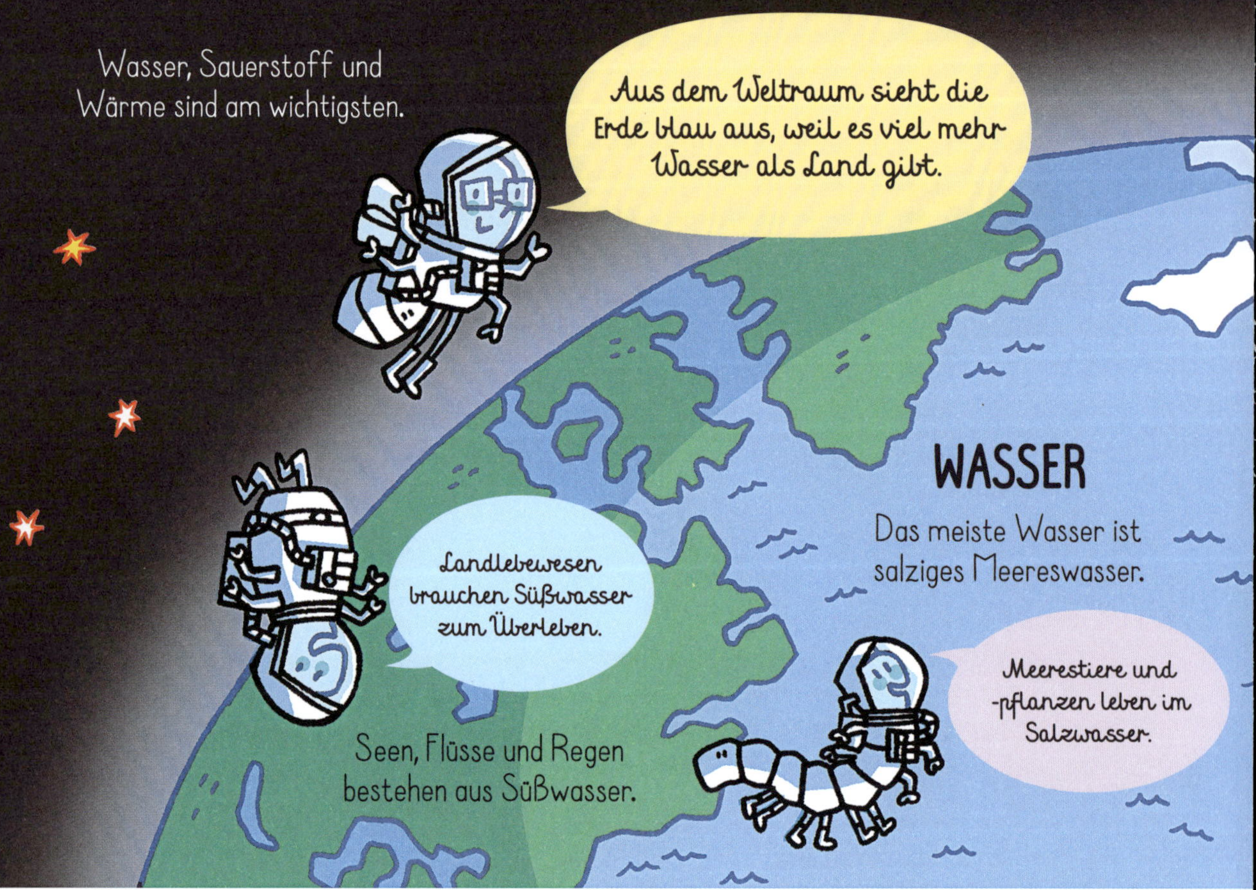
Wasser, Sauerstoff und Wärme sind am wichtigsten.
Aus dem Weltraum sieht die Erde blau aus, weil es viel mehr Wasser als Land gibt.
WASSER
Das meiste Wasser ist salziges Meereswasser.
Landlebewesen brauchen Süßwasser zum Überleben.
Seen, Flüsse und Regen bestehen aus Süßwasser.
Meerestiere und -pflanzen leben im Salzwasser.

Die Erde ist einer von acht Planeten, die um die Sonne kreisen. Forscher haben auf den anderen Planenten bislang kein Leben gefunden.

Hier siehst du sie in Bezug auf ihre Entfernung zur Sonne.
Merkur
Venus
Erde
Mars
Auf Merkur und Venus ist es für Lebewesen zu heiß. Und es gibt dort kein Wasser.
Mars ist weder zu heiß noch zu kalt, aber es gibt keinen Sauerstoff.

WÄRME

Die Sonne erwärmt unseren Planeten und erzeugt genau die richtige Temperatur zum Leben.

SAUERSTOFF

Wir brauchen den Sauerstoff in der Luft, damit wir atmen können.

Auch im Wasser ist Sauerstoff.
Die Sonne ist wie ein riesiges Feuer, das uns wärmt und Licht gibt.

Diese Planeten sind sehr weit weg von der Sonne und für Lebewesen zu kalt.

Jupiter
Saturn
Uranus
Neptun
Pluto
Sie bestehen aus Gas und haben keine feste Oberfläche.
Früher war Pluto ein Planet, heute wird er von Forschern als Zwergplanet bezeichnet, weil er so klein ist.

Die Erde ist unser Zuhause und wir müssen sie schützen.

LUFT

Mit Brennstoffen heizen wir Gebäude, erzeugen Strom und treiben Fahrzeuge an. Aber durch das Verbrennen entstehen Gase, die die Luft **verschmutzen.**

Wie können wir weniger Brennstoffe verbrauchen?
Stromverbraucher ausschalten.
Wäsche von Sonne und Wind trocknen lassen.
Die Heizung niedriger stellen.
Sich wärmer anziehen.
Möglichst aufs Autofahren verzichten.

ERDE

Wir fällen Bäume und bauen Rohstoffe ab; dadurch wird der Boden geschädigt.

Wir sollten also mehr Bäume pflanzen …
… und vor allem weniger einkaufen.
Wiederverwenden, gebraucht kaufen und reparieren!

WASSER

Wir benutzen zu viel Wasser und verschmutzen es.

Kurz duschen statt baden spart Wasser.

Sammle Abfall.
Recycle, was du nicht noch mal benutzen kannst.
Nur wenn es unserem Planeten gut geht, geht es auch den Lebewesen gut.

Verzichte, wann immer möglich, auf Plastiktüten.

Als Wissenschaftler und Forscher kann man die Welt erkunden und dem Planeten helfen.

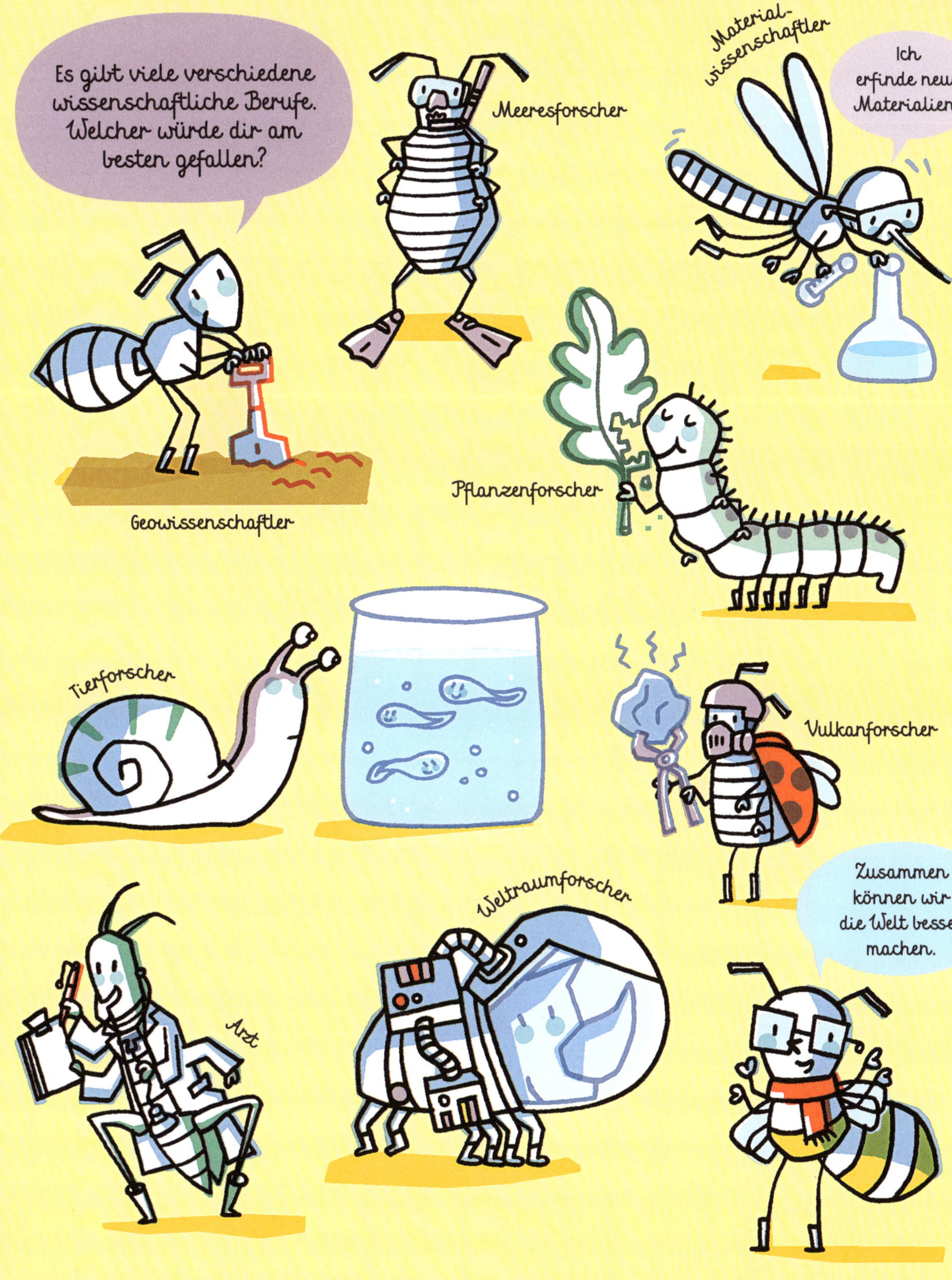
Es gibt viele verschiedene wissenschaftliche Berufe. Welcher würde dir am besten gefallen?
Meeresforscher
Material-wissenschaftler
Ich erfinde neue Materialien.
Geowissenschaftler
Pflanzenforscher
Tierforscher
Vulkanforscher
Weltraumforscher
Arzt
Zusammen können wir die Welt besser machen.

Begriffserklärungen

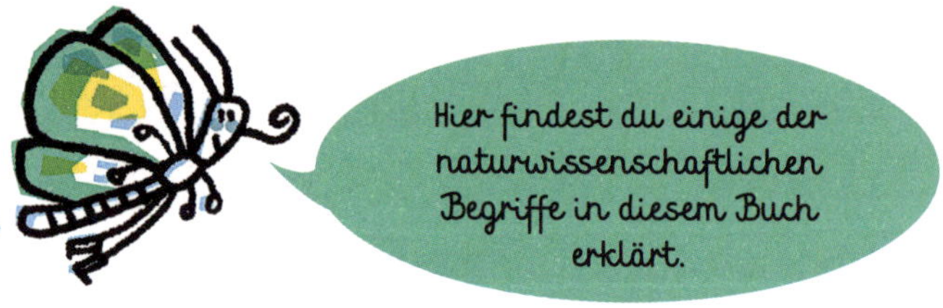
Hier findest du einige der naturwissenschaftlichen Begriffe in diesem Buch erklärt.

Aggregatzustände – Erscheinungsform von Stoffen: fest, flüssig oder gasförmig.

Akku – Kurzform für Akkumulator; wiederaufladbare Batterie.

Allesfresser – Tiere, die Fleisch und Pflanzen fressen.

auflösen – Wenn ein Feststoff mit Wasser vermischt wird und zu verschwinden scheint.

Beutetier – Tier, das von einem anderen Tier gefressen wird.

Experimente – Tests, um etwas auszuprobieren und herauszufinden.

Fleischfresser – Tiere, die nur Fleisch fressen.

gefrieren – Wenn eine Flüssigkeit abkühlt und fest wird.

immergrün – Ein immergrüner Baum behält seine Blätter das ganze Jahr über.

Krankheitskeime – Winzige Erreger (z. B. Bakterien, Viren), die Krankheiten auslösen können.

Kräfte – Sie wirken zum Beispiel, wenn wir drücken oder ziehen, um etwas zu verschieben.

Lebensraum – Der Ort, wo Pflanzen oder Tiere leben.

löslich – Etwas kann in Wasser aufgelöst werden.

Material – Rohstoff oder Gemisch aus verschiedenen Stoffen.

Muskeln – Körperorgane, die sich zusammenziehen und entspannen können.

Nahrungskette – Ein Modell, das zeigt, wer was frisst.

nicht löslich – Etwas löst sich nicht in Wasser auf.

Pflanzenfresser – Tiere, die nur Pflanzen fressen.

Produzenten – Lebewesen, die ihre eigene Nahrung produzieren, z. B. grüne Pflanzen.

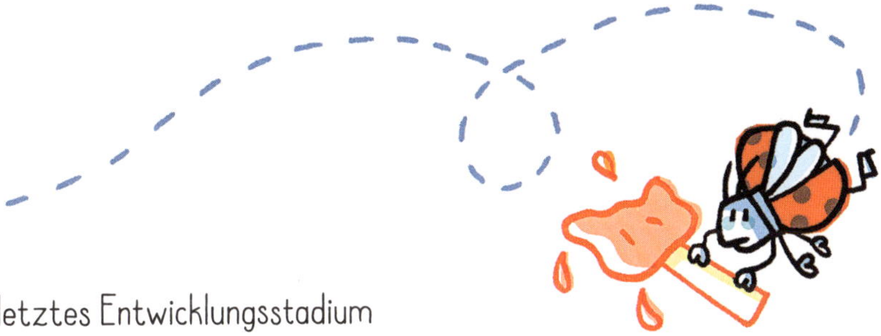

Puppe – Starre Hülle; letztes Entwicklungsstadium von der Raupe zum Schmetterling.

Raubtier – Tier, das andere Tiere frisst.

Reaktionen – Veränderungen, die stattfinden, wenn man Stoffe vermischt.

recyceln – Alte Materialien werden verarbeitet, damit man sie noch einmal benutzen kann.

reflektieren – Licht zurückwerfen.

Reibung – Kraft, die zwischen zwei Körpern wirkt, die sich berühren.

Rohstoffe – Materialien, die man in der Natur findet.

schmelzen – Wenn ein fester Stoff erwärmt wird und flüssig wird.

Sinne – Die fünf Arten, mit denen wir die Welt um uns herum wahrnehmen können.

Skelett – Knochengerüst im Körper eines Wirbeltiers.

sommergrün – Ein sommergrüner Baum verliert im Winter seine Blätter.

Stoffe – Substanzen, aus denen Dinge gemacht werden.

Strom – Eine Art von Energie, die wir zum Beispiel für Licht brauchen.

verdampfen – Wenn eine Flüssigkeit erwärmt wird und zu Gas wird.

Verfahren – Planvoller Vorgang, mit dem man etwas verändert.

verschmutzen – Luft, Boden oder Wasser verunreinigen, was für die Erde schädlich ist.

Vibration – Eine schnelle, schwingende Bewegung.

Wertstoffe – Abfallstoffe, die recycelt werden können.

Wirbellose – Tiere ohne Wirbelsäule.

Wirbelsäule – Zusammenhängende Reihe von Knochen in der Mitte des Rückens.

Wirbeltiere – Tiere mit Wirbelsäule.

Stichwortliste

Mithilfe dieser Liste kannst du herausfinden, auf welchen Seiten was steht.

A
Amphibien 19, 21

B
Bäume 10, 11, 66, 67, 76, 78
Blumen 10, 12, 13

E
Eier 8, 18, 19, 22
Experimente 4, 78

F
feste Stoffe 44–46, 78, 79
Fische 19, 21, 49
Flüssigkeiten 5, 44–47, 78, 79
fortpflanzen 7, 8

G
Gase 20, 44, 45, 47, 75, 78, 79
Gehirn 30, 32, 35
gesund 20, 34

J
Jahreszeiten 66, 67

K
Kiemen 21
Knochen 17, 30, 31, 78
Krankheitskeime 20, 78

L
Lebewesen 3, 6–9, 74–76, 78
Licht 9, 14, 15, 50–53, 69, 75, 79
Luft, 7, 14, 30, 35, 41, 51, 57, 75, 76, 79
Lunge 21, 30

M
Magnete 60, 61
Menschen 16, 18, 22, 23, 28–35
Mond 52, 69, 72, 73
Muskeln 31, 78
Müll 48, 49, 76

N
Nahrung 9, 20, 26, 27, 34, 78

O
Obst 10, 13, 34

P
Pflanzen 7–15, 20, 26, 27, 66, 78
Planeten 70, 74–77

R
Recycling 39, 48, 49, 62, 76, 79
Reibung 59, 79
Reptilien 18, 19, 21

S
Samen 8, 13, 14
Sauerstoff 20, 21, 74, 75
Säugetiere 18, 19, 21, 28
Sinne 32, 33, 79
Sonne 8, 50, 52, 65–76
Sprungfedern 60, 61

T
Tiere 8, 9, 16–23, 25–27, 48, 49, 69, 74, 77–79

V
Vögel 18, 19, 21–23, 66, 68

W
Wasser 6, 14, 15, 19–21, 34, 45, 46, 51, 57, 58, 74, 76, 78, 79
wasserdicht 37, 41–43
Weltraum 4, 70, 71, 77
Wurzeln 12, 15
Wetter 64–67

Die Begriffe sind in alphabetischer Reihenfolge von A bis W aufgelistet (Es gibt keine Begriffe für X, Y und Z).

Übersetzung aus dem Englischen: Andrea Reinacher • Redaktion der deutschen Ausgabe: Redaktionsbüro Stiefenhofer
Satz der deutschen Ausgabe: Carolin Günther

1. Auflage 2021 © 2021 für die deutsche Ausgabe: Usborne Publishing Ltd., 83-85 Saffron Hill, London EC1N 8RT, Großbritannien. Deutsche Niederlassung: Usborne Verlag GmbH, Prüfeninger Str. 20, 93049 Regensburg, Deutschland. Titel der Originalausgabe: All the Science you need to know by Age 7 © 2020 Usborne Publishing Ltd., London. Der Name Usborne und das Ballon-Logo sind eingetragene Markenzeichen von Usborne Publishing Ltd. Alle Rechte vorbehalten. Ohne ausdrückliche vorherige Genehmigung des Verlages ist es nicht gestattet, die vorliegende Veröffentlichung in irgendeiner Form mit beliebigen Mitteln (unter anderem elektronisch, mechanisch, durch Fotokopie oder Aufzeichnung) ganz oder teilweise zu reproduzieren, in einem Datenabfragesystem zu speichern oder zu verbreiten.